梦舟催发 丝路朱霞

天津美术学院援疆支教实践教学成果集

—— 2021 ——

史雅宁 陈昆 李馨同 高雅 梁广明 著

天津社会科学院出版社

图书在版编目（CIP）数据

梦舟催发　丝路朱霞 ： 天津美术学院援疆支教实践教学成果集 / 史雅宁等著. -- 天津 ： 天津社会科学院出版社, 2022.12

ISBN 978-7-5563-0863-7

Ⅰ. ①梦… Ⅱ. ①史… Ⅲ. ①不发达地区－教育工作－研究成果－新疆 Ⅳ. ①G527.745

中国版本图书馆 CIP 数据核字(2022)第 207178 号

梦舟催发　丝路朱霞 ： 天津美术学院援疆支教实践教学成果集
MENGZHOU CUIFA SILU ZHUXIA:
TIANJIN MEISHU XUEYUAN YUANJIANG ZHIJIAO SHIJIAN JIAOXUE CHENGGUO JI
选题策划：韩　鹏
责任编辑：柳　晔
责任校对：王　丽
装帧设计：张恒熙
出版发行：天津社会科学院出版社
地　　址：天津市南开区迎水道 7 号
邮　　编：300191
电　　话：（022）23360165
印　　刷：北京盛通印刷股份有限公司
开　　本：889×1194　　1/16
印　　张：8.5
字　　数：40 千字
版　　次：2022 年 12 月第 1 版　　2022 年 12 月第 1 次印刷
定　　价：98.00 元

前言

Preface

按照天津市委市政府的部署和要求，天津大学生对口支援新疆和田地区教育工作开展已三年有余，已有近两千名师生先后奔赴和田地区策勒、于田、民丰三县开展援疆实习支教工作。

天津美术学院八十六名师生作为天津市第六批“文化使者”，于2021年3日30日赴新疆和田地区策勒县开展了为期三个月的支教工作。支教团师生不负所望，克服了重重困难，在受援学校通过课堂教学、环创设计、志愿服务等多种形式，以饱满的热情和严谨的态度为策勒县的教育事业书写了浓墨重彩的一笔。另外，支教团师生在充分学习了解新疆地域特色、人文风情、红色传承的基础之上，充分发挥专业优势，与中华优秀传统文化相结合，参与创作设计了多项县级重点文化建设项目，为当地的校园、村落的文化建设注入活力，用画笔描绘了美丽的新疆。

本画集从支教团支教期间的美术作品、教学工作、校园环创、乡村美育建设、民族写生五个部分展开，生动的图像展现了支教团与新疆人民交往、交流、交融的真实的支教生活和真诚、真挚的情感互动，展示出天津美术学院援疆支教团的风采。

育人育心，援疆支教是我校大学生思想政治教育的育人新成效，是落实高等教育立德树人根本任务的新路径。回望难忘的支教生活，天美援疆支教团的师生们共同坚守初心，在祖国的边疆挥洒青春汗水，在策勒这片土地上用青春和热血为当地教育事业做出了自己的贡献，用志愿服务新疆教育之行向建党百年献礼。

天津美术学院援疆支教团

2021年9月

目录
Contents

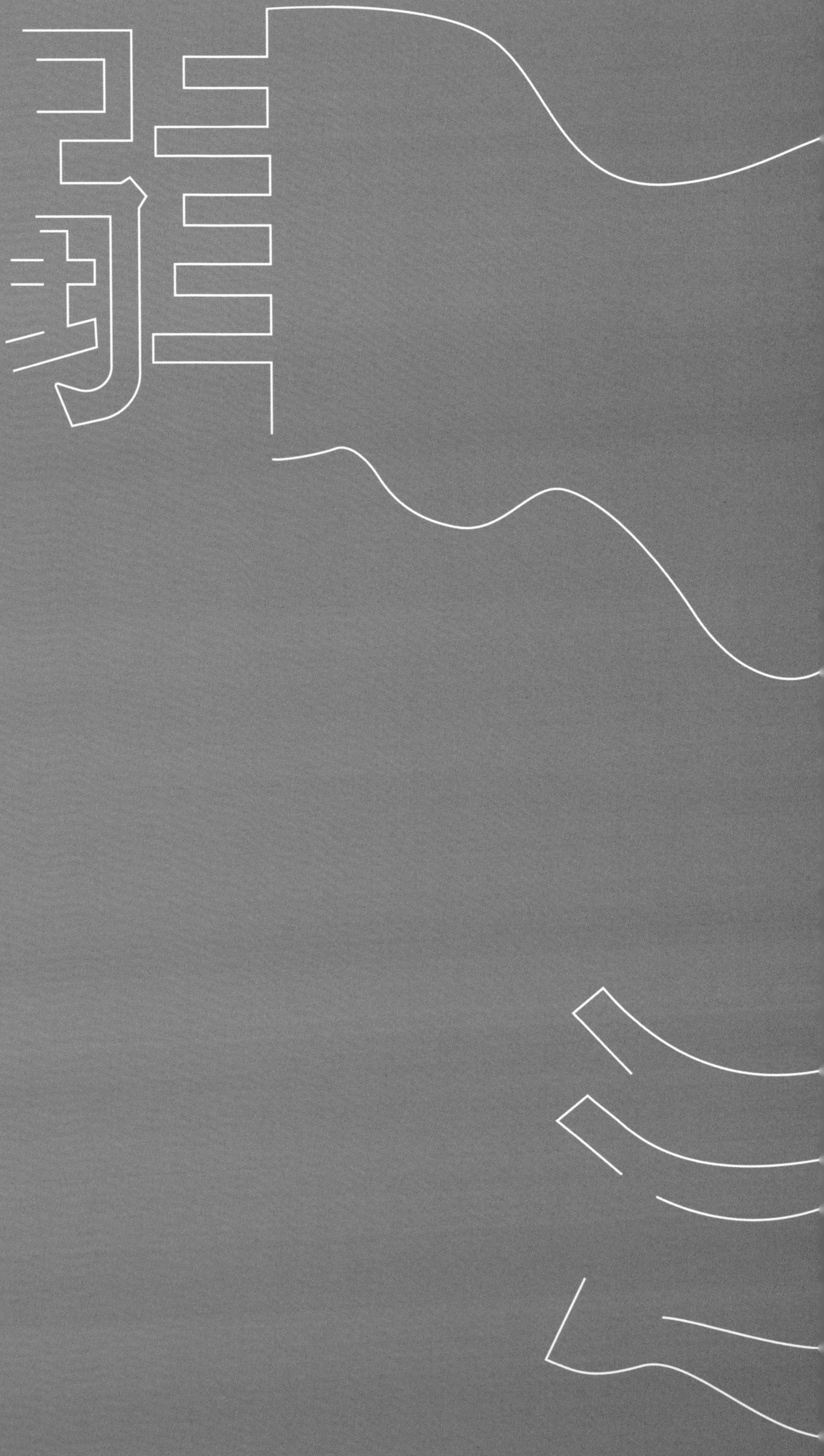

美术作品
Art works

作品名称：《策勒风景》之一
作　　者：李玄
专业方向：油画
作品类别：油画
作品尺寸：30×40cm

创作感言：

“作画技法上，我注重水到渠成的作画状态。支教期间，我曾深深迷恋策勒的黄色调风景。在一座小平房外面，种葡萄、养鸽子，门外环绕着一大片核桃林，这种生活很是惬意，充满了平实的故事感，能够吸引灵魂深处对美好生活的向往之情。我对于所画之物追求不做作、不扭捏的状态。”

作品名称：《策勒风景》之二
作　　者：李玄
专业方向：油画
作品类别：油画
作品尺寸：30×40cm

作品名称：《昆仑雪山》
作　　者：尚黎明
专业方向：壁画
作品类别：油画
作品尺寸：80×120cm

创作感言：

“《昆仑雪山》利用油画颜料特性，借助具象表现风格，营造出如梦似幻的画面效果，并试图通过展现人类与自然共生的世界，引起人们对自身与自然关系的思考。我们改变了世界的模样，也感受到了自然的反抗，全球变暖造成的雪线消融应该使我们对自然的所作所为进行反思。”

作品名称：《风景速写》
作　　者：尚黎明
专业方向：壁画
作品类别：水彩
作品尺寸：29.7×42cm

创作感言：

“我之所以偏爱风景速写，是因为它的宽容和自由度最能表现自然中生命的力量，也最使人心旷神怡。近年来，越来越多的艺术家关注自然，关注生命，懂得唯有自然最值得依附。我曾受许多艺术流派的影响，深知大自然的滋养是最宝贵的，策勒壮美的自然风光赋予了我此次创作的灵感。”

塔克拉玛干沙漠 . Rosco . 6.19
6.19.2021 Wheat. View.

作品名称：《1/4相册》
作　　者：李佳黎
专业方向：视觉文化策划与管理
作品类别：丙烯
作品尺寸：60×60cm

创作感言：

“点击相册，是雪山、沙漠、草场，是阳光、微风、沙尘暴，是策勒县第一幼儿园，还有一个个在景象中反复出现过的同学、老师、小朋友们。放假后空无一人的幼儿园、穿越时空的笑声、夜晚的战斗渠，支教的点滴记忆组成了这幅作品的基本内容。”

拷贝
共享
在所有照片中显示
收藏

作品名称：《宁静的城市》
作　　者：尚伊鑫
专业方向：油画
作品类别：水彩
作品尺寸：13×19cm

创作感言：

“远离城市的喧嚣，我用画笔记录下策勒的街景，感受宁静，记录美好。”

作品名称：《新疆随笔》
作　　者：胥浩
专业方向：雕塑
作品类别：色粉
作品尺寸：13×18.5cm

创作感言：

“支教期间，执笔绘画对于我来说是件幸福的事情。新疆灿烂的阳光让我对光影更加敏感，印象派绘画笔触下的光影变幻之于我更加深切，有趣地打散复杂的结构，重新组合新的色块，给予画面浪漫或激烈的色彩效果，是我孜孜以求的画面。”

作品名称：《塞外诗词选》
作　　者：徐晴
专业方向：中国画
作品类别：书法
作品尺寸：138×48cm

创作感言：

“边塞诗描绘了边疆地区的自然风光和人文内涵，在新疆支教历时三个月，领略了新疆的风土人情，有茫茫雪山、一望无际的戈壁滩，还有孩子们纯真可爱的面庞。我通过对塞外诗词的选抄，纪念在支教时经历的的种种感动与温暖。”

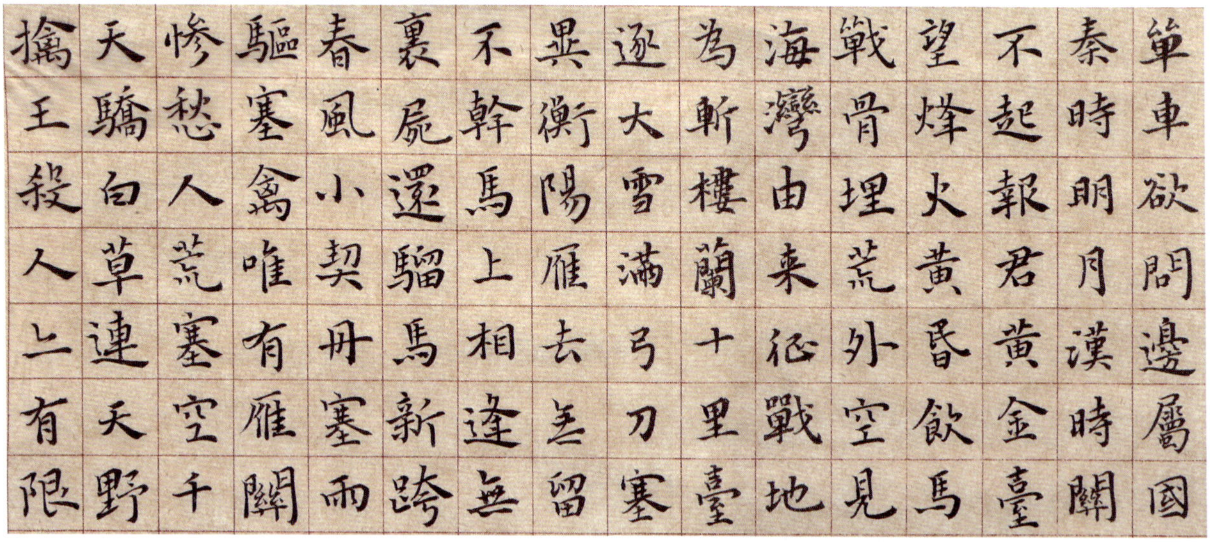

單車欲問邊屬國過居延征蓬出漢塞歸雁入胡天大漠孤煙直長河落日圓蕭關逢候騎都護在燕然黃河遠上白雲間一片孤城萬仞山羌笛何須怨楊柳春風不度玉門關秦時明月漢時關萬里長征人未還但使龍城飛將在不教胡馬度陰山黑雲壓城々欲摧甲光向日金鱗開角聲滿天秋色裏塞上燕脂凝夜紫半卷紅旗臨易水霜重鼓寒聲不起報君黃金臺上意提攜玉龍為君死大漠沙如雪燕山月似鈎何當金絡腦快走踏清秋葡萄美酒夜光杯欲飲琵琶馬上催醉臥沙場君莫咲古來征戰幾人回白日登山望烽火黃昏飲馬傍交河行人刁斗風沙暗公主琵琶幽怨多野營萬里無城郭雨雪紛々連大漠胡雁哀鳴夜々飛胡兒眼淚雙々落聞道玉門猶被遮應將性命逐輕車年々戰骨埋荒外空見蒲萄入漢家青海長雲暗雪山孤城遙望玉門關黃沙百戰穿金甲不破樓蘭終不還明月出天山蒼茫雲海間長風幾萬里吹度玉門關漢下白登道胡窺青海灣由來征戰地不見有人還戍客望邊色思歸多苦顏高樓當此夜嘆息未應閑五月天山雪無花只有寒笛中聞折柳春色未曾看曉戰隨金鼓宵眠抱玉鞍願將腰下劍直為斬樓蘭十里臺走馬五里一揚鞭都護軍書至匈奴圍酒泉關山正飛雪烽戍斷無烽林暗草驚風將軍夜引弓平明尋白羽沒在石稜中月黑雁飛高單於夜遁逃欲將輕騎逐大雪滿弓刀塞外偷兒塞內兵聖君宵旰望升平碧幢未作朝廷計白梃猶驅婦女行可使禦戎無上策只應憂國是虛聲漢王第宅秦田土今日將軍已自榮塞下秋來風景異衡陽雁去無留意四面邊聲連角起千章里長煙落日孤城閉濁酒一杯家萬里燕然未勒歸無計羌管悠々霜滿地人不寐將軍白髮征夫淚故園東望路漫々雙袖龍鍾淚不幹馬上相逢無紙筆憑君傳語報平安回樂前峰沙似雪受降城外月如霜不知何處吹蘆管一夜征人盡望鄉軍歌應唱大刀環誓滅胡出玉關只解沙場為國死何須馬革裏屍還騮馬新跨白玉鞍戰罷沙場月色寒城頭鐵鼓聲猶震匣裏金刀血未幹金帶連環束戰袍馬頭沖雪過臨桃卷旗夜劫單於帳亂斫胡兵缺寶刀涿州沙上飲盤桓看舞春風小契丹塞雨巧催燕淚落蒙々吹濕漢衣冠薊門秋氣清飛將出長城絕漢沖風急交河夜月明陷敵撥金鼓摧鋒揚旆旌去々無終極日暮動邊聲飛蓬似征客千里自長驅塞禽唯有雁關樹但生榆背山看故壘系馬識餘蒲還因麾下騎來送月支圖漢虜未和親憂國不憂身握手河梁上窮涯北海濱據鞍獨懷古慷慨感良臣歷覽多舊跡風日慘愁人荒塞空千里孤城絕四鄰樹寒偏易古草衰恒不春交河明月夜陰山苦霧辰雁飛南入漢水流西咽秦風霜文行役河朔備艱辛薄暮邊聲起空飛胡騎塵居延城外獵天驕白草連天野火燒暮雲空磧時驅秋日平原好射雕護羌校尉朝乘障破虜將軍夜渡遼玉靶角弓珠勒馬漢家將賜霍嫖姚挽弓當挽強用箭當用長射人先射馬擒賊先擒王殺人亦有限列國自有疆苟能制侵陵豈在多殺傷

右錄邊塞詩數首歲在辛丑立秋時節感懷新疆之行徐晴書於天津美術學院

作品名称：《一唱万方联》
作　　者：王聪
专业方向：书法
作品类别：书法
作品尺寸：30×200cm×2

创作感言：

"'一唱雄鸡天下白，万方乐奏有于阗'一句选自毛泽东的词《浣溪沙·和柳亚子先生》，这首词充满了对新中国的希望。词中'于阗'二字正是新疆和田地区的古称。雄鸡一声长鸣，中国已经天亮了，各民族在祖国的生日庆典上奏起欢乐的乐章，这其中也包括新疆儿女的甜美歌声。"

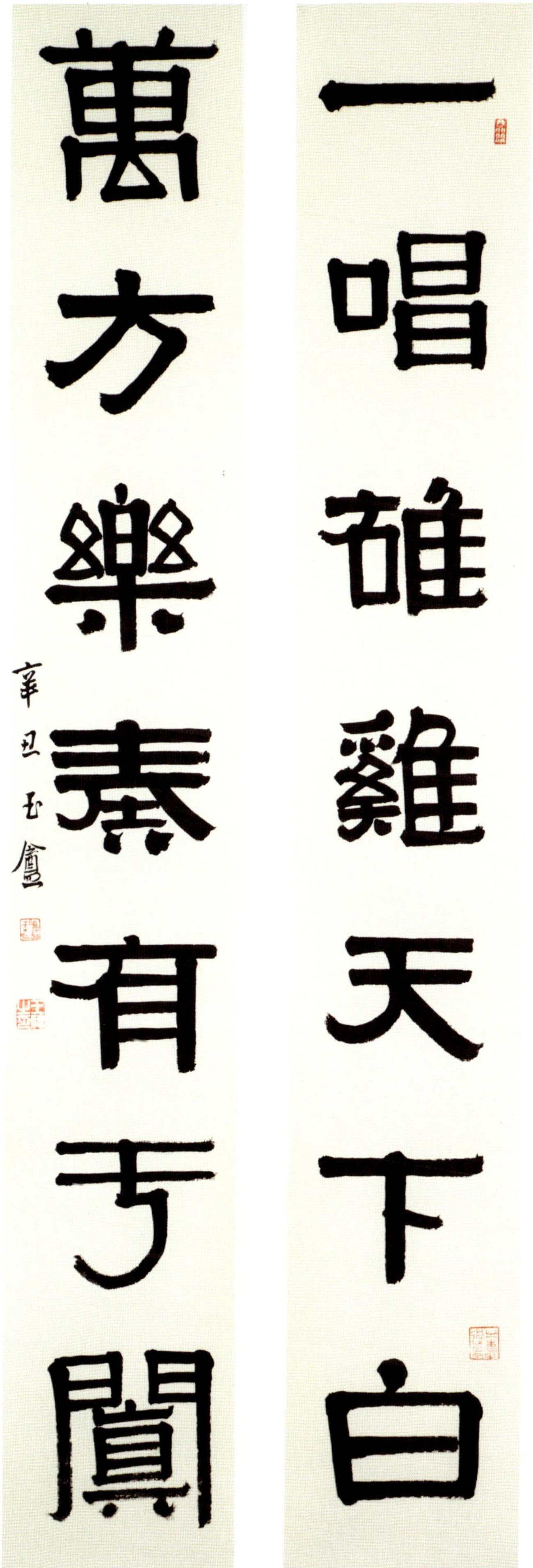
一唱雄雞天下白
萬方樂奏有于闐
辛丑玉盦

作品名称：《将归图》
作　　者：吴宛宜
专业方向：版画
作品类别：宣纸水墨
作品尺寸：46×69cm

创作感言：

“寻找自己内心的节奏，创造出首先能感动自己的绘画语言，再提供给解读者一个独特而真实的视角与体验，是一名真正的艺术家要承担的责任。这条路本就是荆棘丛生的，能到达山腰眺望一下都是奢求。我将用毕生的努力，用双脚丈量中国大地，用艺术展现中国之美。”

如夢令 將歸津
雪壓峰雄梁
柱御看群巔
難踽互答來
勞山岸護華
夏此處惜駐
惜駐已到醉
歸時暮

寫宜德振蘭格之行作於
辛丑年津門

作品名称：《山楂熟了》
作　　者：阎明宇
专业方向：中国画
作品类别：纸本设色
作品尺寸：33×33cm

创作感言：

“新疆多见乌鸦、八哥这些鸟类。山楂为我此前积累的创作素材，两种素材的结合是我创作的一种尝试，援疆是我学习生活里最值得珍藏的经历，不同的环境、不同的责任、不同的感受，融合在这幅作品里得到了表达。”

作品名称：《春秋》
作　　者：阎明宇
专业方向：中国画
作品类别：纸本设色
作品尺寸：33×33cm

创作感言：

“这些作品是在新疆所作没骨写生，在新疆三个月的生活中，所见花卉虽与天津花卉相同，但因环境不同，我创作的心境也有所改变。这些花卉在新疆严酷的自然条件下照样能生得美丽多彩，这引发了我对生命和人生的思考。”

作品名称：《小手搭搭肩》
作　　者：赵新
专业方向：中国画
作品类别：国画
作品尺寸：138×68cm

小手搭搭肩
辛丑仲秋
趙新畫於天津美院

作品名称：《童趣翘板》
作　　者：赵新
专业方向：中国画
作品类别：国画
作品尺寸：138×68cm

童趣翘板
辛丑仲秋
趙新画

作品名称：《滚动的轮胎》
作　　者：赵新
专业方向：中国画
作品类别：国画
作品尺寸：138×68cm

滚动的轮胎
辛丑仲秋趙新畫

作品名称：《童趣肖像》
作　　者：赵新
专业方向：中国画
作品类别：国画
作品尺寸：50×60cm

创作感言：

“这三幅肖像小画定格了三个小朋友的喜悦瞬间，每一个鲜活的面孔背后都是珍贵的回忆。画面中呈现出人生的不同状态，正是我对人生之旅的思考与探索。”

辛丑仲秋
趙新畫於天津

作品名称：《速写人物风景》
作　　者：尚黎明
专业方向：壁画
作品类别：水彩、炭笔
作品尺寸：29.7×42cm

创作感言：

“蒙克曾说过：‘我要描写的是那种触动我心灵的眼睛的线条和色彩。我不是画我所见到的东西，而是画我所经历的东西。’我的作品主要是透过生活中观察到的那人、那景，去思考生命更深刻更本质的渴望，以婉约纯真的方式将其激发出来。比如：透过一些静谧详和的风土人情，简单似孩童般的语言，表达出对生命的热爱和对美好的向往。”

View 2021.06.26. Rococo.
Rococo. 2021.06.27. HOME hall

作品名称：《在麦尔哈巴家的小伙伴们》
作　　者：尚黎明
专业方向：壁画
作品类别：油画
作品尺寸：140×110cm

创作感言：

“这是我在新疆写生时实景写生的一幅拓展作品，通过多次写生与对环境的观察，我将带回的速写进行细化，最后完成了这幅画。当人物跃然于笔下时，孩子们的欢声笑语、策勒人民的淳朴热情、壮丽秀美的沙海雪山都在我的脑海里一一浮现。”

作品名称：《穿粉色裙子的小女孩》

作　　者：尚黎明

专业方向：壁画

作品类别：油画

作品尺寸：80×120cm

创作感言：

“阳光映照下，绿茵上天真烂漫的欢笑，是盛夏难忘的记忆，所以我想用画笔把最美的童真保存下来，成为最温暖的回忆。”

作品名称:《跳皮筋》

作　　者: 张子涵

专业方向: 综合绘画

作品类别: 水彩

作品尺寸: 40×25cm

创作感言:

“这个看似简单的游戏其实有着变化繁复的花样和一定的难度,孩子们专注其中的状态令我也不禁感受到了孩子们投入其中的快乐和跳皮筋的魅力,《跳皮筋》这幅作品勾勒了至纯至美的童年时光。”

作品名称：《老鹰捉小鸡》
作　　者：张子涵
专业方向：综合绘画
作品类别：水彩、彩铅
作品尺寸：25×25cm

创作感言：

“‘老鹰抓小鸡’不仅是支教过程中孩子们与我的热烈交流方式，也是我们儿时的美好回忆，孩子们无拘无束的快乐，将我迅速带入了那单纯而又快乐的世界当中，成为我支教生活中的难忘瞬间。”

作品名称：《yeah》
作　　者：刘紫鑫
专业方向：版画
作品类别：水彩
作品尺寸：42×29.7cm

创作感言：

“画面描绘了课外活动时孩子们脸上洋溢着的喜悦笑容，我努力想把每一帧画面都刻在脑海里，永远珍藏。”

艾凯代姆罕·艾合麦提江
2021.6.

作品名称：《肖像画》
作　　者：李鸿超
专业方向：油画
作品类别：油画
作品尺寸：30×40cm

创作感言：

“最打动我的，是小朋友们纯净清澈的眼睛，是大家互帮互助的情谊，是每一个为建设边疆的奉献者们默默付出。这些感动，绝无仅有。”

作品名称：《速写人物风景》
作　　者：尚黎明
专业方向：壁画
作品类别：速写
作品尺寸：42×29.7cm

创作感言：

“如无对生活（即创作来源）的感悟和亲身的体验，我们不可能凭空想象创作出精彩的、情感丰富的画面。此次支教生活极大地丰富了我的创作素材库。我喜欢去尝试，不愿定型成某一种画法，因为还有许多值得研究学习的东西，在尝试的路上我会慢慢积累。相比于理性的分析，丰富的情感注入有时候对于绘画表达更为重要。”

06.30

2021.
06.04
ROCOCO
2021
06.04

作品名称：《南疆印象》
作　　者：陈兴龙
专业方向：壁画
作品类别：速写
作品尺寸：42×29.7cm

创作感言：

“这两幅纸本速写写生创作于2021年6月，地点位于新疆策勒县巴什科克买提村。那天的写生使我印象深刻，在写生的过程中我结识了一些新疆小朋友，通过和他们的聊天，我对当地的风土人情有了更深刻的感悟。”

2021.6.1
新疆和田市策勒

村庄风景写生
新疆和田策勒县
2021.6

作品名称:《我们的初次见面》
作　　者: 谢诗怡
专业方向: 公共艺术
作品类别: 素描
作品尺寸: 42×29.7cm

创作感言:

“作品描绘的是我与小朋友们的第一次见面。我对小朋友们说:‘我们一起来拍一张照片好不好呀?’于是就有了这一张照片和这幅素描作品。”

作品名称：《凯迪日耶和热孜宛古丽》
作　　者：谢诗怡
专业方向：公共艺术
作品类别：素描
作品尺寸：29.7×42cm

创作感言：

“在我看来，艺术最美的地方不一定是作品本身，从某种角度来说，当观者看到某件作品的时候所产生的联想或者说是某种程度与作品达到一定的共鸣也是一件很棒的事情。《凯迪日耶和热孜宛古丽》画的是班上两个小女孩凯迪日耶和热孜宛古丽拥抱在一起的场景，她们曾经对我说过：‘小谢老师，我们两个是最好的朋友！’”

作品名称：《包围》
作　　者：杨可悦
专业方向：公共艺术
作品类别：素描
作品尺寸：42×29.7cm

创作感言：

“作品描绘的是我们班的小朋友紧紧包围着我的场面，那是我在幼儿园教课的最后一天。当他们得知我要离开时，便紧紧地抱住了我。这一幕一直在我的心中，久久挥之不去。”

作品名称：《小姑娘》
作　　者：杨可悦
专业方向：公共艺术
作品类别：素描
作品尺寸：27×19.5cm

创作感言：

“作品描绘了驻地写生时遇到的两个维吾尔族小姑娘。她们两个很安静，很乖。在我眼里，世界精彩纷呈，人性多姿多彩，而艺术是人性的化身，是与我们所生活的这个世界的窃窃私语，生活在其中的我们获得了太多馈赠，因此我希望用艺术去回馈这个世界，并在其中自由翱翔。”

写生西维族小姑娘 —2021.5.1

作品名称：《六月是欢乐的海洋》
作　　者：耿上清
专业方向：艺术设计学
作品类别：纸本炭笔
作品尺寸：150×190cm

创作感言：

“作品记录了六一儿童节当天新疆小学生载歌载舞的欢乐场景，我们曾经充满童稚、单纯与幻想，五颜六色，风风火火，精力旺盛。六月，到新疆去，去追逐那份闪光的向往，没有驼铃亦要去远方。”

你好
1/2

作品名称：《援疆》
作　　者：夏小禹
专业方向：综合绘画
作品类别：纸本色粉
作品尺寸：20×20cm

创作感言：

“无论什么时代，现实主义美术都是永不褪色的。2021年为我国‘十四五规划’的开局之年，我响应党和国家的号召，赴新疆支教，在实践中提升自己，回报社会。这组画便是对此程的忠实记录与反映。三月支教行，一生援疆情。希望后来者看到我的拙作能有所感发，和我一样投身到西部去，投身到祖国与人民最需要的地方去。”

作品名称：《凯丽比努尔》《艾力麦尔旦》
作　　者：尚伊鑫
专业方向：油画
作品类别：素描人像
作品尺寸：20×20cm

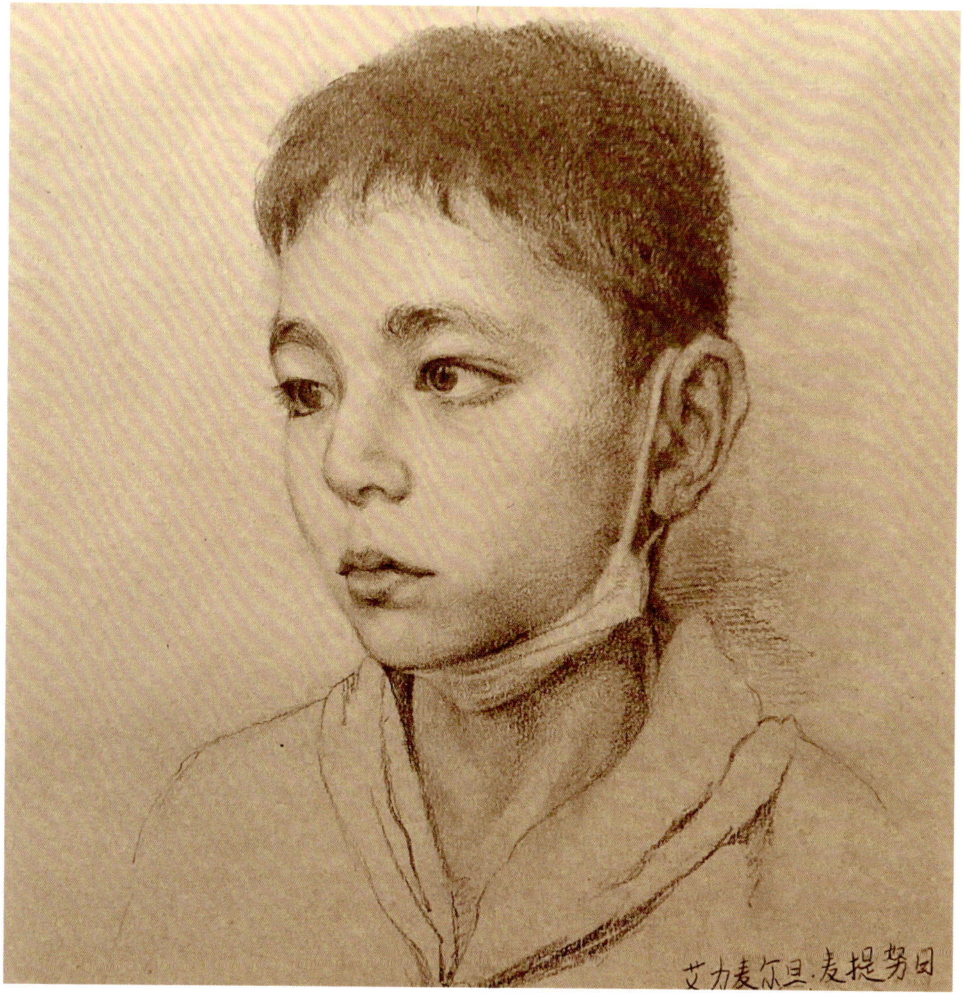

创作感言：

“那是一群活泼又可爱的孩子，生活在广阔天地下的他们眼神里清澈透明，充满灵性。我想要记录下他们稚嫩的脸庞和我们共同拥有的一段美好记忆。”

作品名称：《笔记》
作　　者：张楷欣
专业方向：油画
作品类别：马克笔，水彩
作品尺寸：25×25cm

创作感言：

“沙海浩瀚，使命召唤，绵延不止，心血始终热烈澎湃。作为新时代的大学生，能够为祖国的边疆建设贡献一份绵薄之力，我感到非常自豪与骄傲。希望通过画笔来记录援疆支教点滴，希望我们的支教工作能够对策勒县基础教育的发展有小小的推动。爱与伟大都来源于平凡，美好的荣光与朝阳都诞生于默默无闻，我的作品记录的是那些无怨无悔、扎根边疆、奉献自己的人们。”

SET . OUT
2021. 3.30

2021. 4.1
初到新疆和田地区
策勒县
画同学
18级版画郑玉瑾
能够在领略祖
国国大好河山的同时
为边陲地区教育发展贡献
自己的一份力，属实使我荣幸万分

"活着一千年不死，
死了一千年不倒，
倒下一千年不腐。"
胡杨是新疆最古老
的树种，又称
"沙漠英雄树"。人们
赞美胡杨不仅因为其风姿，
更因为胡杨的生命中蕴含着
扎根边疆、甘于
奉献的精神
"没有荒凉的沙漠
只有荒凉的灵魂"
2021.4.3

4月8日.
"别说你看不见，红色的面纱遮住了脸。
玉波甫和卡那提古丽，五彩花绸到春天。"
几公里外便是茫茫的塔克拉玛干.
即便是春日的阳光都不能使
它褪去耀眼的金色。
而策勒的美丽却如
花绸般使沙漠蒙上
炫丽的
色彩.

如是我闻，一时，
佛在舍卫国 祇树给孤独
园，与大比丘众千二百五十
人俱。尔时，世尊食时，著衣
持钵，入舍卫大城乞食
于其城中，次第乞
已，还至本处。
4.10.
梁校作感而发，作此图 临照片.

沙漠与湖相接
与家乡的气候
基本无差.
飞到在湖畔林立的这
几株胡杨，在春日
泛起了绿色波澜.
4.12 于碧湖沙湖
"沙迦克的姑娘嫁到北方陌生的城寨，
热浪蒙面的女孩哭干了罗布兰海.
他们消失在隆冬风声鹤唳的红柳巨，
东来的风吹过哈密吹过阿勒泰"
——《风向朝西》

阿布力艾则孜
413

四月的天渐渐暖和起来，阳光也
从清澈的乳白开始有了色彩，仿佛可以
嗅到暖暖的味道。不知名的小雀一群群
地飞过路口，时常回头定定地瞧。
4.14
三小校门外向西约二百米
的十字路口，照片写生。

4.14日
支教老师驻地
组织画模特
写生。
"一定是那一只冬鸟掠过
天际，它展翅的背影洒在
滩涂化作淤泥。"
——《穿兰海》
维吾尔族姐姐，
她的容颜恍惚间
仿佛停滞了轮回。

这是我在穿兰海边的第十七个夜
昆仑雪山寒森森的空气依然没有光顾我
荒芜的梦。
THE SEA
4.16
· S · E · A ·
海
沙海中每日
停泊的船只，是那
yi只民谣中传唱着
的西边的山雀。
·THE
SE
"掀浪裹雨
的女孩哭干了
穿兰海"
4.16

策勒三小二年四班
4.19
课堂写生

4.24 · 照片写生

5月2日，参观库尔班·吐鲁木纪念馆
库尔班·吐鲁木是各族人民的杰出代表
新疆各族人民的骄傲。他热爱党
热爱祖国、热爱家乡，热爱
劳动、热爱社会主义的
美德，值得我们永远
继承与发扬。

漢西域諸國圖
盛行佛教时期
的于阗：公元1～10
世纪初。于阗是西
域著名的佛国之
一，也是印度佛
教最早传入我国
的地区。在克里
雅河流域发
现多古迹。
5月2日，参观于阗博物馆。
古西域三十六国

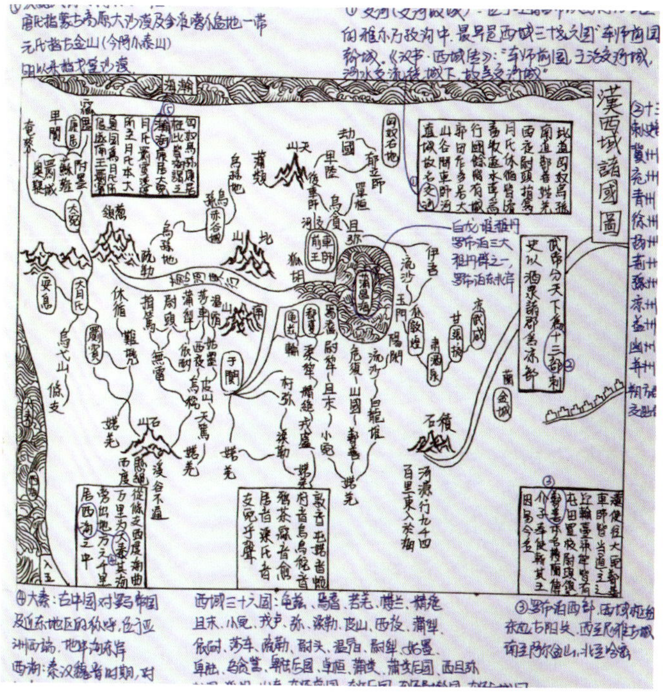

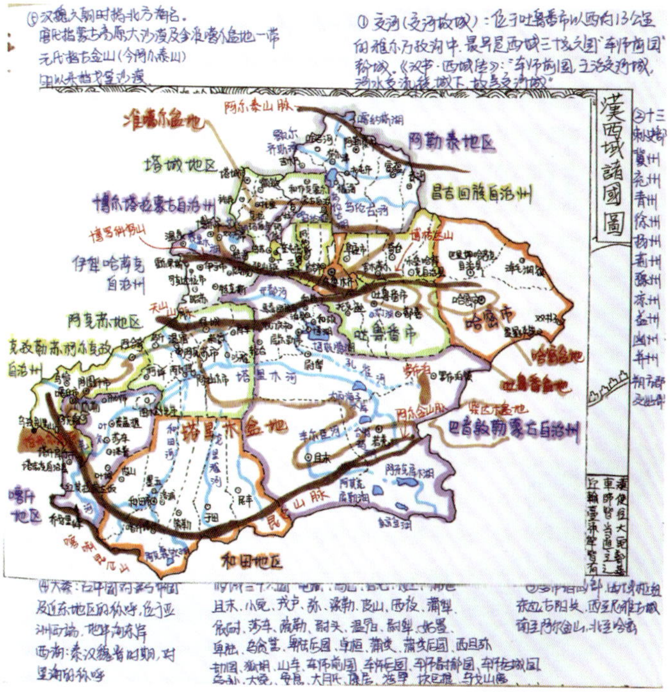

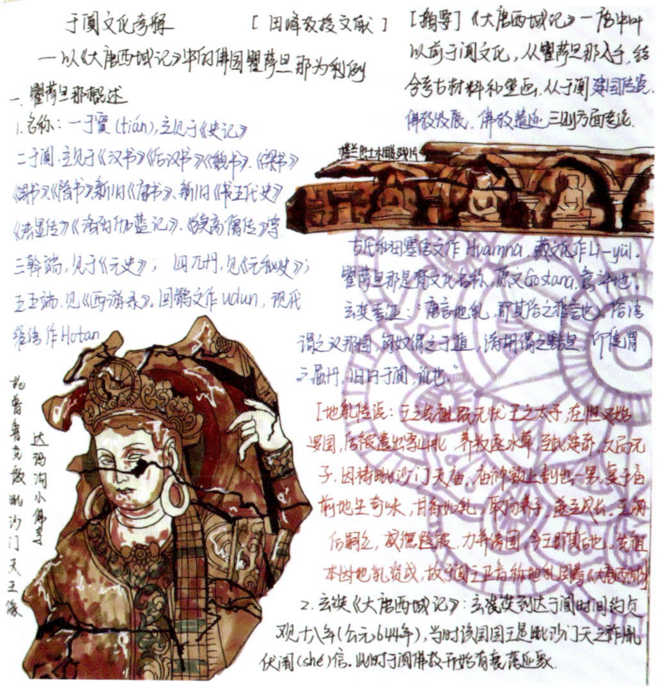
于阗文化考释 [田峰教授文献]

——以《大唐西域记》中的佛国瞿萨旦那为例

[摘要]《大唐西域记》——唐中叶以前于阗文化，从瞿萨旦那入手，结合考古材料和壁画，从于阗建国传说、佛教发展、佛教造像三则方面考论。

一、瞿萨旦那概述

1.名称：一于寘(tián)，主见于《史记》

二于阗，主见于《汉书》《后汉书》《魏书》、《梁书》《周书》、《隋书》、新旧《唐书》、新旧《五代史》《法显传》《洛阳伽蓝记》、《宋高僧传》等

三斡端，见于《元史》；四兀丹，见《元秘史》；

五玉端，见《西游录》。回鹘文作 udun，现代维语作 Hotan

古代和阗塞语文作 Hvamna，藏文作 Li-yül。瞿萨旦那是梵文化名称，原文 Gostana，意为地乳。玄奘考证："唐言地乳，即其俗之雅言也。俗语谓之汉那国，匈奴谓之于遁，诸胡谓之豁旦，印度谓之屈丹，旧曰于阗，讹也。"

[地乳传说：王之先祖即无忧王之太子，在怛叉始罗国，后被谴出雪山北，养牧逐水草，至此建都，久而无子，因祷毗沙门天庙，庙神额上剖出一男，复于庙前地生奇味，甘香如乳，取而养子，遂至成长。王崩后嗣立，威德遐被，力并诸国，今王即其后也。先祖本因地乳资成，故于阗王自称地乳国(《大唐西域记》)]

2.玄奘《大唐西域记》：玄奘到达于阗时间约贞观十八年(公元644年)，当时该国国王是毗沙门天之祚胤伏阇(shé)信。此时于阗佛教开始有衰落迹象。

二、于阗的建国传说
于阗的建国与佛法在此的传播完全是
同步的。《大唐西域记》中有记：
王甚骁武，敬重佛法，自云
“毗沙门天之祚胤也。”昔者此国虚
旷无人，毗沙门天于此栖止。无忧
王太子在呾叉始罗国被抉目已，无忧王怒遣
辅佐，迁其豪族，出雪山北，居荒谷间。迁人逐
牧，至此西界，推举酋豪，尊立为王。
当是时也，东土帝子蒙遣流徙，居
此东界，群下劝进，又自称王。岁月已积，
风教不通。各因田猎，遇会荒泽，更问宗绪，
因而争长。忿形辞语，便欲交兵。或有谏曰：
“今何遽乎？因猎决战，未尽兵锋，宜归治兵，
期而后集。”于是回驾而返，各归其国，
校习戎马，督励士卒，至期兵会，旗鼓相望。
旦日合战，西主不利，因而
逐北，遂斩其首。

藏文文献《于阗国授记》
中也有类似的建国传说，周连宽先生对
其中共同点总结如下：一于阗建国始于阿育王时代；二
瞿萨旦那对毗沙门天王之崇拜；三此国东界最早统治者是
中国人，《西域记》称东土帝子，《于阗国授记》称大菩萨—中国（Rgya）
之王。毗沙门，梵文作Vaisravana汉译多闻天，施财天，是帝释天的部下，
财富之神，北方的守护神。相传吉祥天女为其妻或妹。敦煌莫高窟中关于阗
的佛教史迹画多与毗沙门天王有关，代表《毗沙门天王绘询》，在321窟与
237窟均有所见。毗沙门天王身着铠甲，左手托塔，右手执戟，有时脚下踩小鬼。
守护于阗的神有八个，分别为毗沙门天王、迦迦那婆利神、莎那末利神、
莎耶摩利神、阿隅阇天女、悉他那天女、摩诃迦罗神、阿婆罗质多神。

三、佛教
传入于阗与于阗
的佛教遗迹
《大唐西域记》中有此记载：于阗国原无佛教，有一个从迦湿弥
罗来的罗汉到林中宴坐习定，因国人惊骇其服饰容貌，就报告于阗王。于
阗王
如来
并说服王
卢遮那迦蓝
于阗佛教与
另一版
“于阗王不信
卢旃，
毗罗云'今
杏树下。'王
旃。旃语王曰：
前来，罗汉称
的内处说于王
在此建立了毗
据《西域通史》
迦湿弥有关。
本见《宋云行纪》
佛法，有商将一比丘
在城南杏树下，向王
将沙门来，至城南
间忽然，即谓毗卢
汝将遣我来令王造覆
盆浮图一躯，使王祚永隆。'王言'今我见佛，当即从命。'毗卢旃鸣钟告，佛即遣罗睺罗变形为佛，从空而
现真容。王五体投地，即于杏树下立寺舍。”据藏文《于阗国授记》推算，佛教传入于阗应为公元前两百年，但
目前无定论。威谦德言：“佛教能致如斯之盛大，以经相当之年月，是以遍照（毗卢遮那）传教于于阗
之时代，纪则遍照传教于于阗国，或在此时。” 玄奘法师到达于阗时，伽蓝百余所，僧徒五千
余人，并多习学大乘法教。”佛教遗迹有毗卢遮那迦蓝、牛角山、地迦婆缚那迦蓝、勃伽夷城、娑摩若
僧伽蓝、麻射僧伽蓝、鼓池側伽蓝、媲摩城雕檀佛像等。毗卢遮那伽蓝—小乘佛教代表寺院。

四、《大唐西域记》中有关于阗的三则传说
1.鼠壤坟传说：在王城五六十里地的沙碛中，有只
如猬大的老鼠为众老鼠的酋长。每出则众鼠跟随。
当是时，匈奴率十万之众来犯于阗国，当时于阗国兵力弱小，
国人无计可施，于是焚香祷告，设祭神鼠。当晚神鼠
托梦于国王，让国王宜早用兵。国王听从鼠王意见，
凌晨偷袭匈奴，鼠王亦带动群鼠咬断敌人的马鞍、
服装、弓弦等，匈奴震慑，迅速退兵。于阗国王为了感谢
神鼠，带领全国众庶拜祭神鼠。
斯坦因指出这个故事发生在Kaptar—Mazārd（鸽子墓地）。
1900年斯坦因在新疆丹丹乌里克发现的一块鼠头人身板画，表现于阗人香花
供养鼠神的情节；安西榆林窟15窟前室北壁绘“天王右手持宝杵，左手抱
鼠置膝上。”《宋高僧传》中也记毗沙门天王和老鼠的联系。

5月4日 达玛沟佛教遗址
新疆古称西域，地处亚欧腹地，昆仑山脉与阿尔泰山脉雄踞南北，天然屏障。天山山脉横亘中央，天山以北广袤的草原、哺育了英武骁勇的游牧部落，天山以南塔克拉玛干沙漠边上的条条河流孕育了独特的绿洲文明。
2002年中日新疆丹丹里乌克佛教遗址考古发掘工作，揭开了佛国于阗的神秘面纱。

6月6号 团城
店铺门口的小朋友。
团城馆子巷。

和阗 清·褚廷璋
毗沙府号古于阗，葱岭千盘积翠连。
大乘西来留法显，重源东下问张骞。
渔人秋采河边玉，
战马春耕陇上田。
今日大城歌舞地
唐家风雨汉家烟
辉煌灿烂的中华文化是我国各民族共同创造的。中华文化兼收并蓄的包容性特征保证了各族文化在中华文明沃土里枝繁叶茂、交相辉映。
6月7日
送李督公出镇西域用张仪曹韵 明·茅大方
麟符虎节宠恩新，满袖天香下玉宸。
五夜将星经昴毕，万年皇化被昆仑。
紫驼白马番人贡，赤黍黄羊汉卒屯。
圣主安边恢妙算，干城保障为斯民。

6月20日.
三小四年2班
听写的孩子们。

作品名称：《糖》
作　　者：赫英姿
专业方向：产品设计
作品类别：插画

创作感言：

“我们珍视表达生活的愿望，因为这是通往真正艺术的必经之路。当下此起彼伏的艺术场景中最可贵的不是样式的选择，而是态度的选择。我的绘画即坚持‘糖’的甜蜜，坚持一种积极看待世界的方式。随着视野的开拓和技术的不断提升，这种态度也将愈发明晰和坚定。”

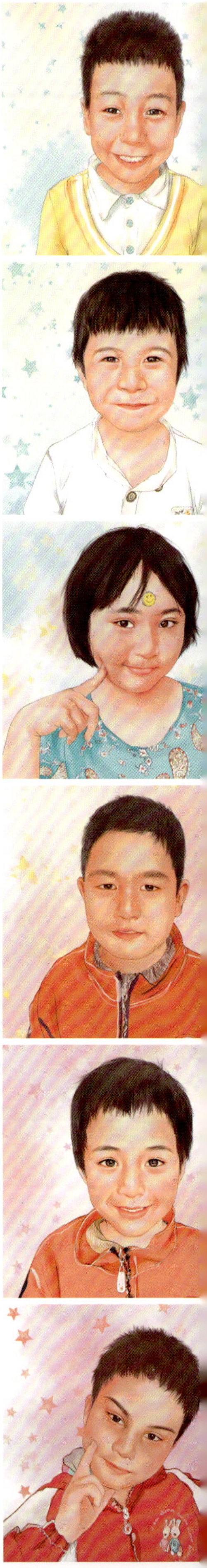

作品名称：《笑一下》
作　　者：李倩
专业方向：修复
作品类别：数字绘画
作品尺寸：80×80cm

创作感言：

"'相遇'与'相知'是多么美妙的词汇啊，在我们生命中出现的任何人与物也许都是最好的安排。我们要积极勇敢地面对人生，感恩曾经经历过的一切，感谢生命中出现的这些可爱的孩子，他们教会我成长，让我体会到了支教工作的最大意义。"

作品名称：《疆》
作　　者：孙奉宇
专业方向：视觉传达设计
作品类别：素描
作品尺寸：50×50cm

创作感言：

“我想尝试用不同的形式来表达我经历的点点滴滴，用心灵去回忆那场旅行。把记忆之门打开，重返心中的童年。疆里或疆外，我们一直都在一起。”

疆

作品名称：《织锦未来》
作　　者：赵丽萍
专业方向：染织专业
作品类别：水粉
作品尺寸：75×110cm

创作感言：

“根据对新疆风土人情的了解，我创作了主题为‘民族一家亲·织锦中国美好未来’的手绘作品。作品以新疆著名的特克斯八卦城和沙漠为背景，绸缎飘逸在佛手上，以体现著名的丝绸之路，和平鸽叼着部分少数民族的代表物件飞往汉族代表物件——象征着国泰民安、富贵吉祥的莲花灯。作品体现出浓厚的异域风情。在作品里融入了我对新疆的深深情意，在新疆的支教经历像是在我心里埋了一面鼓，鼓面平静，一击则会响起重重的回音。每当想起，回忆涌来，难以忘怀，期盼归期。”

作品名称：《祖国的花朵儿》
作　　者：莫雯洁
专业方向：染织专业
作品类别：图案设计
作品尺寸：40×40cm

创作感言：

“花开花落，生生不息。我们要像石榴籽一样紧紧地抱在一起，新疆的孩子们像花儿那般多姿多彩。”

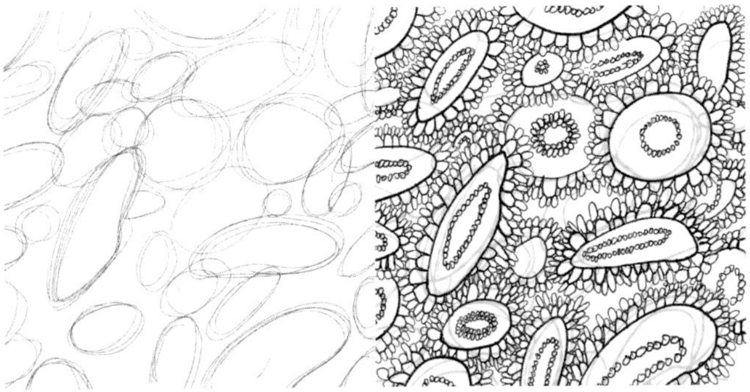

作品名称：《支教日记》
作　　者：刘温馨
专业方向：影像艺术
作品类别：插画
作品尺寸：42×29.7cm

创作感言：
“支教生活的碎片记忆。”

"HAPPY BirthDAY"

Dance!!

Lesson 12
father 爸爸
mother 妈妈
brother 兄弟
sister 姐妹
Who's this???
Lesson Preparation
教学设计
Unit 3:
This is my father.
教学目标
重点:
难点:
教法:

SALUTE

disinfect

condo-
lence

作品名称：《忆》
作　　者：嵇光雷
专业方向：综合绘画
作品类别：拼贴
作品尺寸：54×39cm

创作感言：

“我是一个画者，可能不擅长说辞，不习惯直言，不喜欢侃侃而谈，但我愿意与人分享我碎片化的记忆。拼贴艺术的创作能够将想要表达却难以开口的一切情绪和幻想传递给乐于接受它们并且想要与我产生共鸣的朋友。对我而言，新疆一行斑斓若梦，有数不清的点点滴滴，有各种各样的奇思妙想，有欢声笑语，有张张笑脸。我想记下每一张笑脸，藏于心，成为独一无二的回忆。”

作品名称：《支教生活》

作　　者：夏靖涵

专业方向：视觉传达设计

作品类别：插画

作品尺寸：20cm×47cm

创作感言：

“我是‘制梦机管理员’，制造的梦想通过插画和涂鸦输出，当现实在梦境中有所反映，意识就在画面里讲不同的故事。”

欢迎美院支教大学生!
刷墙ING..
禁入
核酸

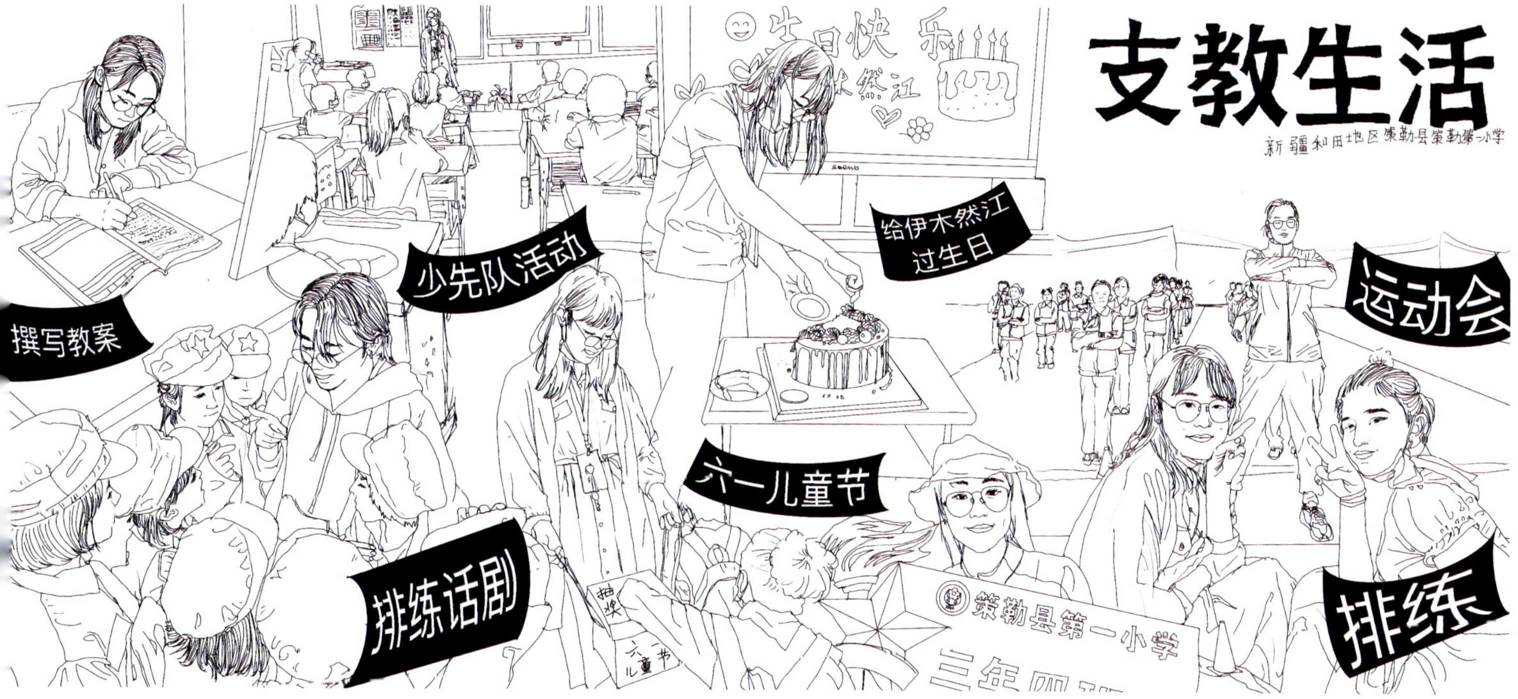
支教生活
新疆和田地区策勒县策勒第一小学
生日快乐
撰写教案
少先队活动
给伊木然江
过生日
运动会
六一儿童节
排练话剧
排练
策勒县第一小学

作品名称：《胭脂》（意像船与石榴）

作　　者：刘昱恒

专业方向：雕塑

作品类别：雕塑

作品尺寸：400×600×250cm

创作感言：

“作品中，雕塑装置与中国水墨相融合，每一艘船或者承载物上都放着如同红宝石般的石榴。空灵的不锈钢镜面，营造出一种第三空间的超现实感，与观者进行视觉与体验上的互动。”

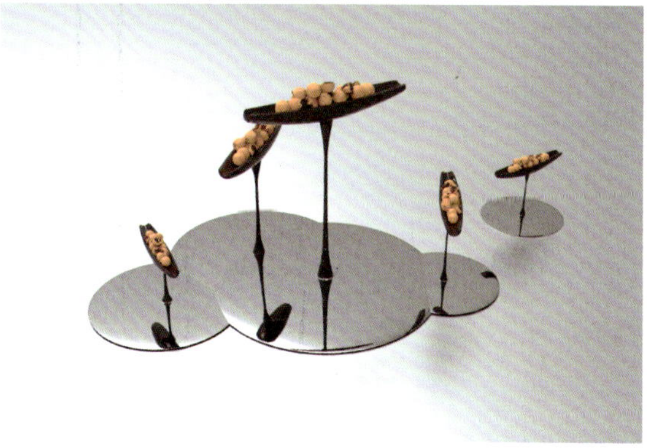

作品名称：《朱砂》（石榴与石头）
作　　者：刘昱恒
专业方向：雕塑
作品类别：雕塑
作品尺寸：100×100×200cm

创作感言：

“此作品利用了循石造型的原理，仅仅在一块石头的角落做文章，让主体有一种冲破石头的能量。石榴的颜色强调了视觉中心，又巧妙地消失、藏匿于这块石头中，让观者在欣赏整体的同时又不忽视精彩的角落。考虑到与周边环境的融合，灰白色是此雕塑的首选。温暖的石榴与周边的建筑暖色形成呼应，雕塑犹如从地中生长出来一般自然而和谐。”

作品名称：《库尔班大叔雕像》
作　　者：刘昱恒
专业方向：雕塑
作品类别：雕塑
作品尺寸：90×80×110cm

创作感言：

“此作品为于田县‘万方乐奏’精品旅游线路的建设项目。库尔班大叔在某种程度上已然成为新疆精神的代表人物，他的故乡位于希吾勒乡库其喀其巴格村，在这里他坚定不移跟党走，争做劳动模范，为民族团结做出了卓越贡献。此作品运用雕塑写实的手法定格了一位老者拾取馕块的状态，他内在的美和时间无关，在平常的角落，哪怕身形枯槁，老人傲人的风骨依然如画如歌。”此雕塑现座落在和田于田县龙湖公园库尔班大叔故居内。

作品名称：《板兰格草场》
作　　者：李春雨
专业方向：产品设计
作品类别：摄影

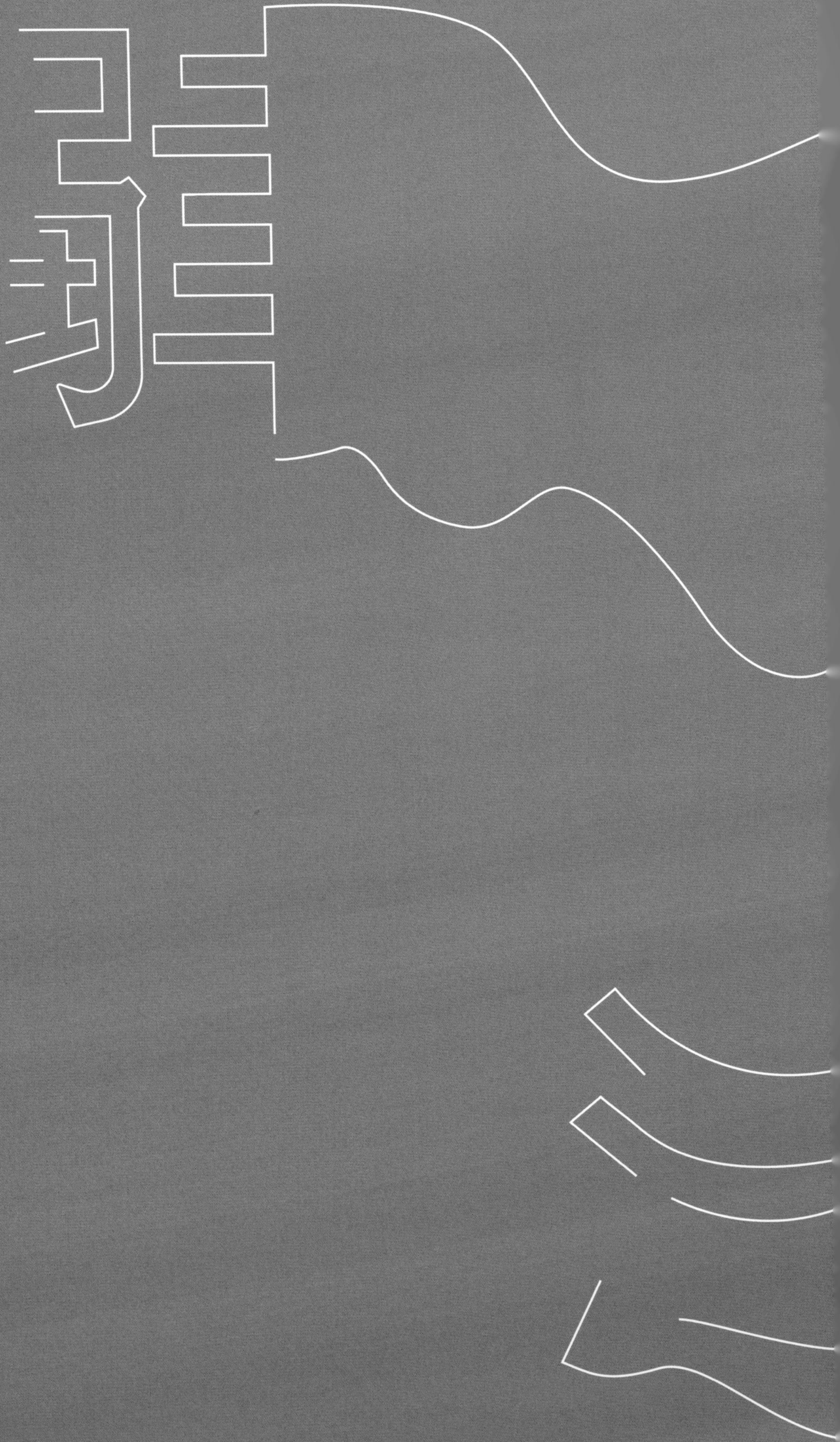

教学工作

Teaching

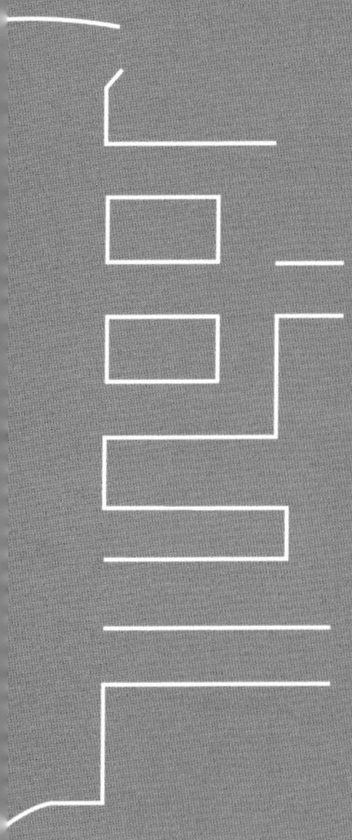

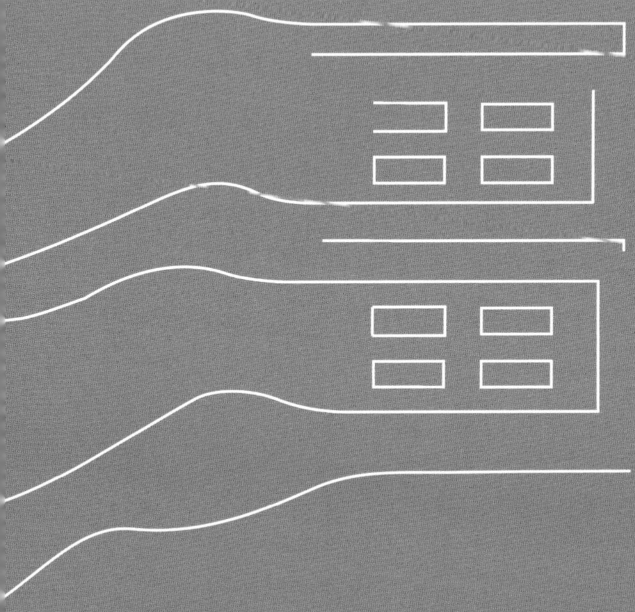

丹青坊

为弘扬中华传统文化，推进文化润疆工程，天津美术学院援疆支教团成员、2019级中国画研究生樊仲煊在策勒县第三幼儿园面向教师开设了中国画课程。目前，策勒县第三幼儿园已与支教团临时党支部合作推进这一课程，经策勒县教育局备案后推广至全县学前教育系统。

扎染坊

天津美术学院援疆实习支教团在策勒县第三幼儿园开设扎染工坊，委托染织设计系黄峰越授课，面向策勒县第三幼儿园全体教师和学生。此次扎染课程体验与搭建创作空间相结合的工作坊授课模式，深受受援地师生喜爱，同时也充分激发了他们的创新精神和探索意识。

书法社

天津美术学院援疆支教团委托书法专业刘子良、王聪在策勒县第一小学成立以发挥特长、展现自我和提高人文素质为宗旨的书法社，营造校园艺术氛围，丰富校园文化生活。

NEW YORK

妈妈我爱你

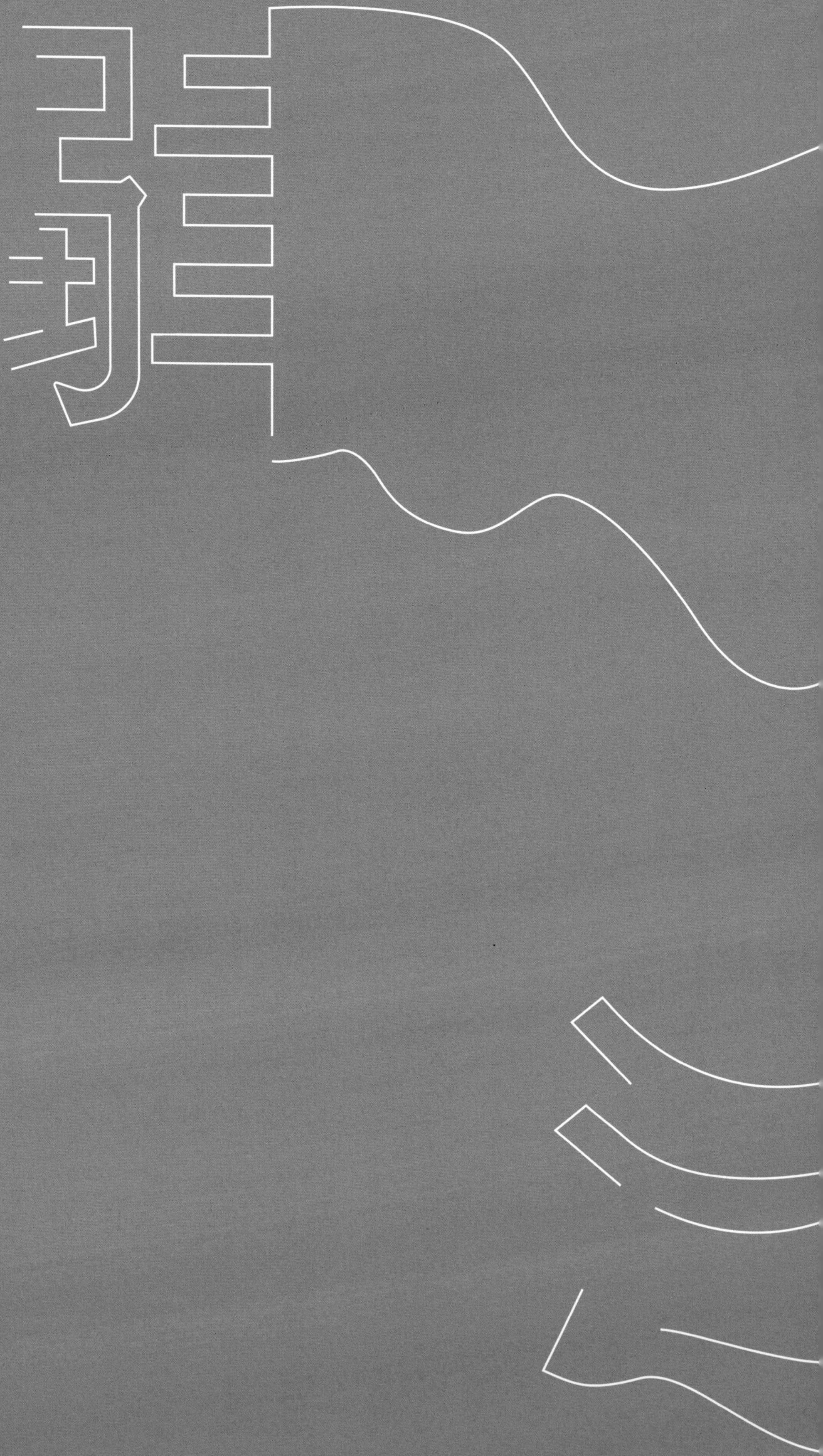

校园环创

Environmental creation

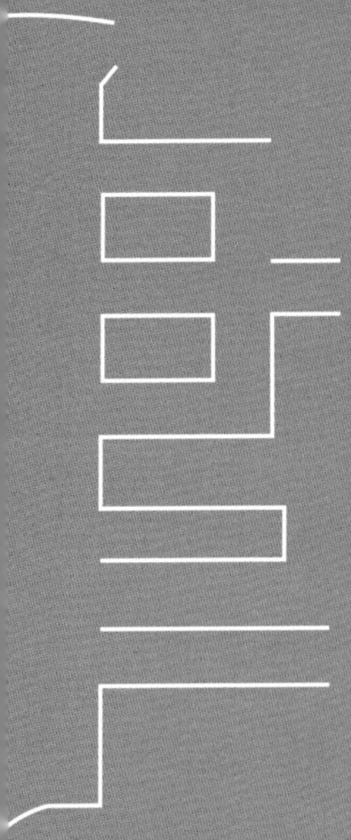

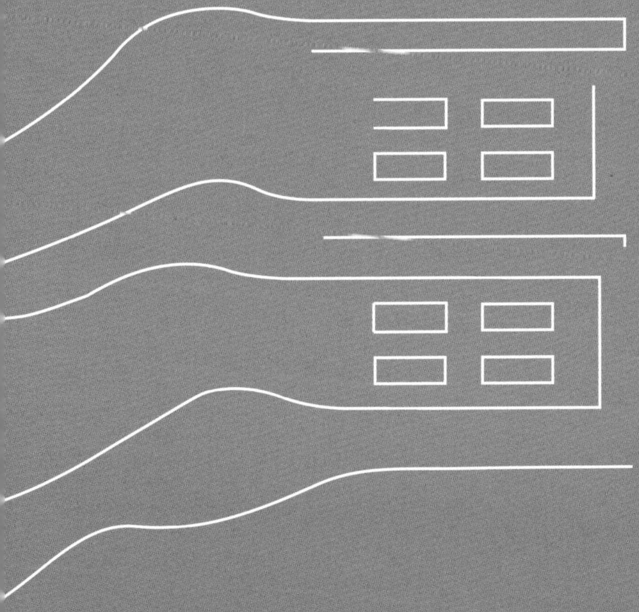

天津美术学院援疆支教团发挥专业优势，在各受援学校对教具设计、食堂、黑板报、橱窗、走廊公共空间、校史馆、体育馆、户外展板多区域进行了多主题的设计创作和视觉优化整合工作。策勒县教育局联合支教团开展“传统文化进校园”工作，面向全县幼教系统有计划、有目标地开展了书法、扎染、中国画培训项目，带动提升了当地一批具有较高艺术修养并能独立组织教学的教师，充实了策勒县的美育中坚力量。

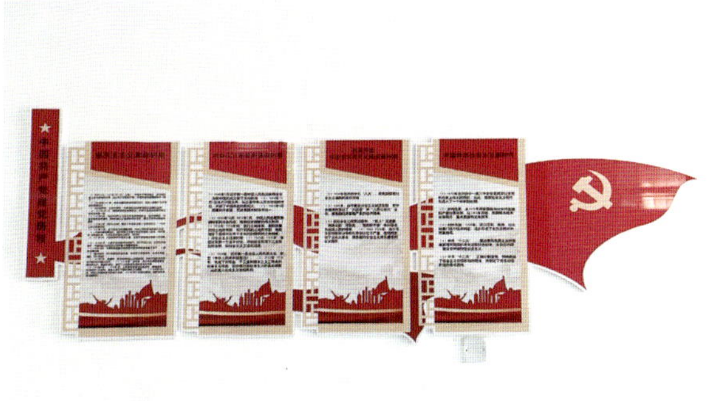

一幼厨房

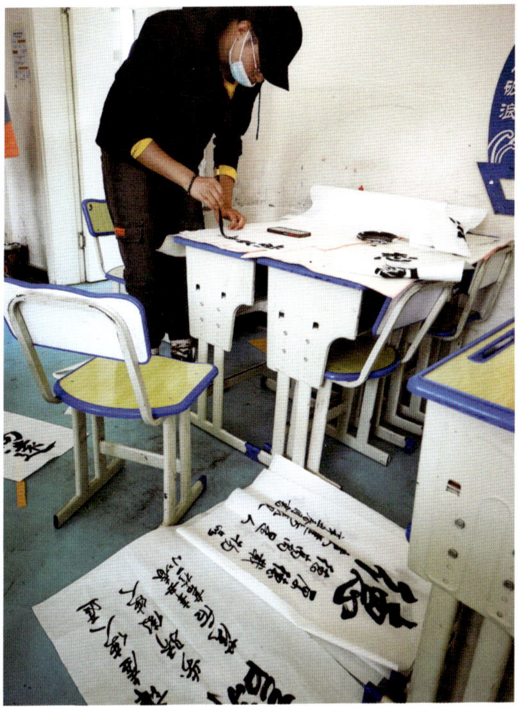 

學習四史
中共黨史
改革開放史
社會主義發展史
新中國史
百年華誕
没有
共産黨
就
没有
新中國

乡村美育建设

Rural aesthetic development

中国画学院骨干成员到昆仑山下的战斗渠源头——努尔乡雅巴格村进行文化墙设计绘制，结合村镇文化建设需求，组织创作了以弘扬爱国主义精神为主题的中国画、书法创作多组，推动乡村精神文明示范基地的建设。

努力建設團結和諧、繁榮
富裕、文明進步、安居樂
業、生態良好的新時代中
國特色社會主義新疆！

安定精神

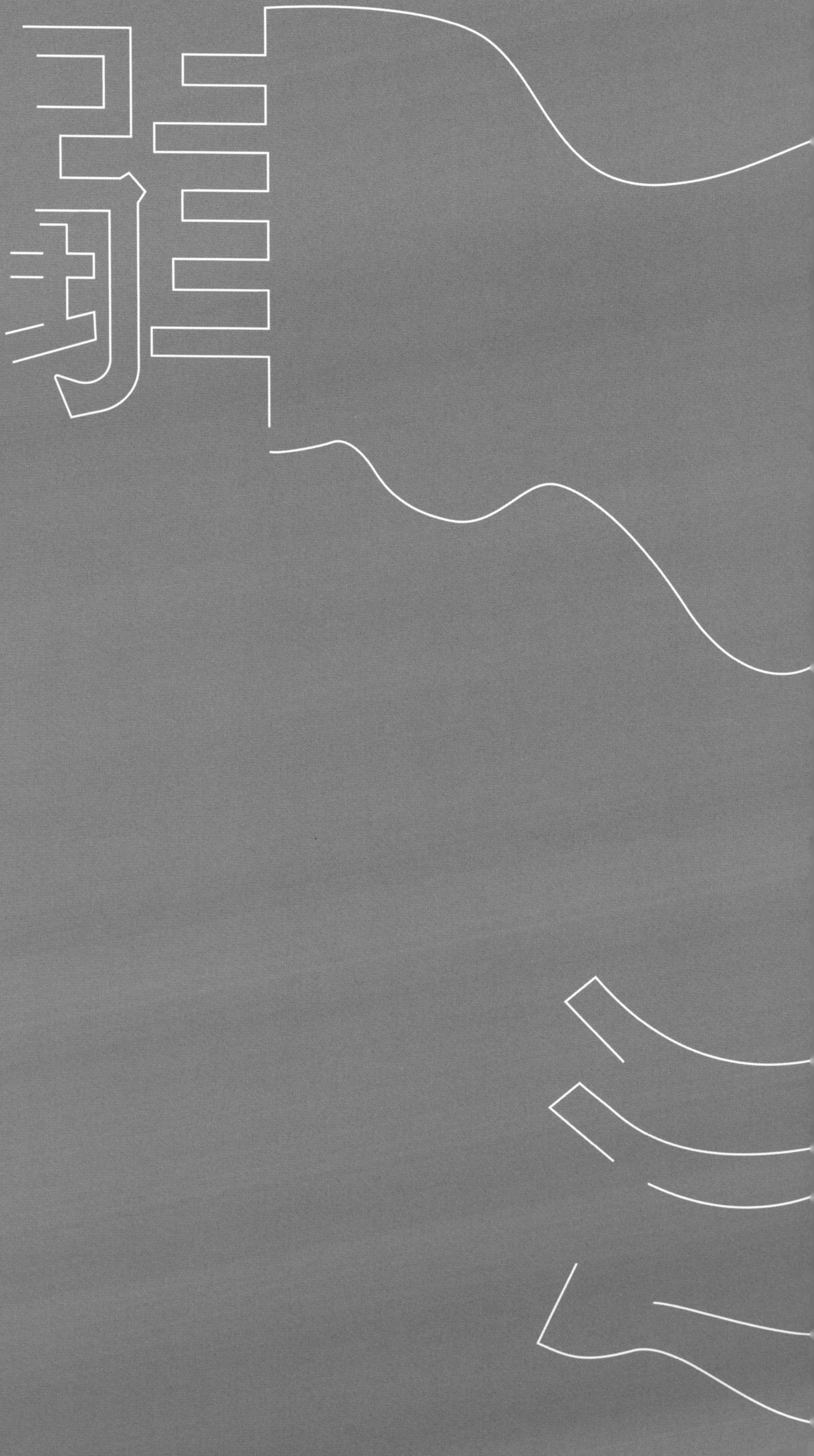

民族写生一家亲

Ethnic sketching activity

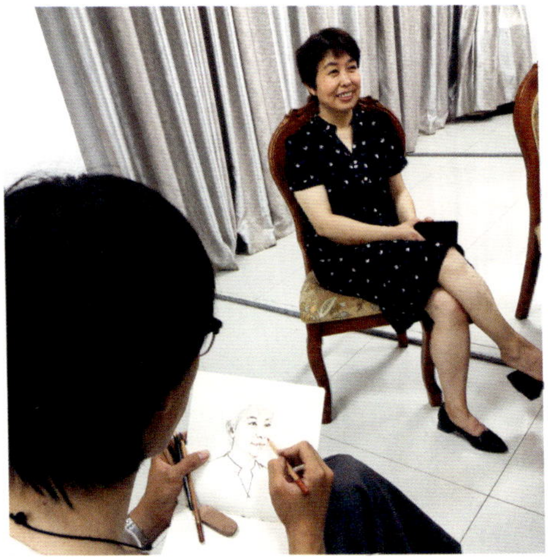

天津美术学院援疆支教团积极协调当地民族老师和学生模特，开展了多次写生活动。许多支教团成员将作品赠予当地老乡与孩子，以画为媒，增进民族团结。

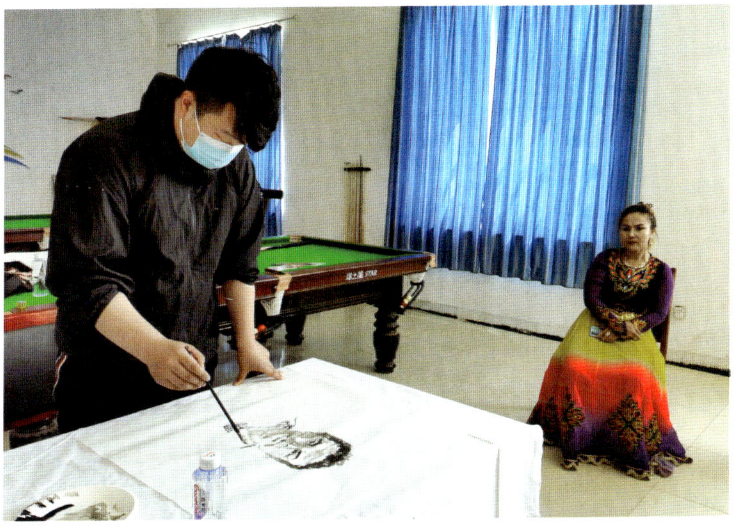

策勒县教育系统师生
书法绘画展
富强 民主 文明 和谐 自由 平等
公正 法治 爱国 敬业 诚信 友善
主办单位：策勒县教育局
策勒县青少年校外活动中心

策勒镇“三合一”宣讲演
让运动成为习惯
更加精彩

结语
Epilogue

天津美术学院援疆支教团根据新疆和田地区受援学校的实际需要，充分发挥专业优势，服务当地教育和文化建设，开展了因地制宜的支教服务工作。支教团三个月的行动与奉献，收获了当地受援师生、受援单位、教育部门、援疆指挥部等的一致好评，成效显著。

2021年7月2日晚，天津美术学院援疆支教团顺利返回天津，支教任务圆满完成。三个月点滴，在此刻更显珍贵。情洒边疆，筑梦有我。天津美术学院援疆支教团时刻不忘援疆初心，用自己的实际行动诠释着无私大爱和责任担当，谱写了一曲无愧于新时代的支教赞歌。

万里援疆情

津策一家亲

致天津支教团的一封感谢信

天津支教团赴一幼支教大学生:

盼望着、盼望着，你们终于来了。横跨祖国四千四百多公里，从最东边的海滨城市天津，来到了我们最西边的南疆小镇——策勒。还记得吗？你们初到策勒，这个坐落于塔克拉玛干大沙漠南缘的小镇，这个你们来之前充满幻想的小镇，就给你们送上了一份大礼——风沙。想必也是这儿的沙，开启了你们无怨无悔的青春故事，想必也是这儿的沙，贯穿着你们豪情万丈的奋斗历程和刻骨铭心的人生体验。想必你们也被淘气的孩子折腾的无语无奈，想必你们也被这里热情的新疆娃娃偷亲过、也被孩子们每时每刻的拥抱逗笑过、也被每次放园时孩子们紧紧拽着不愿放手的生死离别式告别开心过……想必你们在这里也曾抱怨崩溃、也曾感动惊喜，而今，离你们离开的日子越来越近，想必每天都会有孩子跑过来问你们，“老师，你什么时候走”、“老师，你住哪里呀”……孩子们总是有一火车皮的话要问，就像孩子们总是简单快乐的以为，你们会一直在。

还记得，第一次见面，那是清明节后，你们一个个白净的脸庞。短短的三个月，帅气的唐闰老师黑了，欣怡老师甜美的嗓音也变得沙哑，佳黎老师的舞蹈也更加多变了，丹昵老师的眼神也能征服大三班的小朋友了，佳欣老师编的小花辫越来越好看了，春雨老师的手机内存升级 200G 又 200G，郭伟老师的风格也趋向可爱，孙宇老师的速跑技能也达到了新的高度……

时间真的是个奇怪的东西，你想让它慢一点儿、慢一点儿，它却走得更快。

我们在想，如果你们可以留下来，如果我们策勒第一幼儿园足够富有，请你们吃一辈子的新疆羊肉串、碎肉抓饭、烤包子，掂据一些的话，请你们吃馕饼也是可以的，如果可以，带你们去我们新疆春天的赛里木湖，夏天的喀什葛尔，秋天的独库公路，冬天的阿尔泰山下，只要你们留下，只要我们足够有钱。

千言万语，唯有感谢。谢谢你们三个月以来的辛勤付出、吃苦耐劳。值此之际，谨以一封感谢信表达我园对天津支教老师的感激之情。

策勒县第一幼儿园

2021 年 6 月 15 日

策勒县第三小学感谢信

天津美术学院援疆支教团:

由衷的感谢你们对策勒第三小学的千里援助，对你们的辛苦付出和援疆精神表示崇高的敬意！

回想 3 月初，你们放弃安逸的工作生活和校园生活，投身到伟大的援疆行动中来，投入到我们策勒县第三小学的教育教学工作当中。对于你们的千里援助衷心的感谢。你们从开始的不适应到现在的游刃有余，在这成长的期间，你们克服了困难重重、压力重重。让我们看到了现代大学生的风采与斗志。你们用自己的实际行动来见证了援疆的决心。感谢和我校一起同甘共苦的兄弟姐妹，感谢大家支持我校的工作。

各位援疆大学生老师虽在我校支教只有短短的一个学期，但他们真诚的对待学生，将学生当成朋友，积极备课、认真上课，不但在学习上认真指导，还教会他们掌握科学的学习方法；完成自己本职工作的同时，还协助我校筹划开展系列爱国主义教育及校园文化活动。他们以高尚的品格、忘我的工作精神，使我校各族师生受益，为全体师生家长所铭记。这极大地感染了我校的各族师生，极大地提升了我校的教学氛围，为我校注入了新的活力。在此，策勒县第三小学的全体师生再次向援疆团队及贵校各位领导表示诚挚的感谢。

最后我衷心祝愿支教团的每一位学业有成、事业有成。

此致

敬礼!

策勒县第三小学

2021 年 6 月 18 日

策勒县第一小学

感谢信

天津美术学院援疆支教团:

首先，请接受新疆·策勒县第一小学全体师生对你们的文化润疆行动表示由衷的感谢和崇高的敬意！是你们给我们学校带来了艺术的氛围，给予我们物质上的支持以及行动和精神上的鼓励；是你们把党和政府对教育事业的支持和对孩子们的关心放在首位，是你们把中华民族的美德传递给孩子们，使孩子们从内心深处感受到了美院的温暖。我们用语言难以表达对你们的感激之情！

在学校党委、校领导作出推进重视教育与美育校园的重要决策后，全校上下迅速形成了重视教育、支持教育的广泛共识。我校全体教职员工紧紧围绕学校发展新目标，群策群力，推进改革创新，学校各项工作均取得了可喜的成绩。我们将绝不辜负上级领导和社会各界的期望，绝不辜负援疆师生的鼓舞和支持，振奋精神，扎根一小，立足三尺讲台，踏实工作，努力拼搏，用我们的智慧和努力谱写策勒县第一小学教育发展的绚丽篇章！为我校教育事业的全面进步作出我们教师应有的贡献。

作为受援学校，我们全体师生衷心感谢您们的关心和帮助，决不辜负你们的浓浓真情和爱心。支教团的成员围绕蔚然成风的普推工作、春风十年的援疆项目、民族团结的旋律精神、津和互助的动人事迹和脱贫攻坚的勇敢征程，在校园校史馆、体育馆、文化墙廊和展板全面展开视觉优化整合工作，通过翻译资料与整合排版，充分发挥了艺术设计在文化传播和信息传递方面的优势，与特色墙绘、葫芦画廊等美化工作交相辉映，为共筑和谐美丽新校园、助推美育进校园润地区提供了力所能及的帮助，得到校领导和各级领导的称赞与支持。为了推进校园环境美，支教团成员将墨韵之美体现的淋漓尽致：快意劲挺的山水、隽秀精致的花鸟、惟妙惟肖的人物，徐徐轴卷，逍逍生气，见证了天美学子热爱祖国社会、维护民族团结的蓬勃才气与奉献精神。作为受援学生，要以此为契机，用书中的知识充实头脑，用智慧改变贫穷、改变命运，改变社会。长大后为振兴家乡、振兴中华贡献自己的力量。

千言万语也无法表达我们对您们作出努力的感谢，您们所做的一切，将永载学校史册，我们会铭记心中。最后，让我们再一次向您们深深鞠躬：您们辛苦了！谢谢您们！

此致

敬礼!

策勒县第一小学

2021 年 6 月 3 日

感谢信

尊敬的天津援疆干部:

您们好!

在这鲜花盛开、喜气洋洋的日子里，您们的爱心绘画，我们倍感欣慰，无比幸福。因为您们特有的博爱之心，给我们的心灵留下了温暖的印记，中华民族的优良传统在您们的爱心行动中得到弘扬。

在这里，我们策勒乡第二中心幼儿园全体师生向您们表示深深的敬意和最真挚的感谢。这或许不是最好的方式，但还是希望可以把我们的谢意告诉你们。

援疆干部们用智慧和双手为我们做出了的不可泯灭的贡献，为我们的户外环境增添了新的生机，是您们让第二中心幼儿园变得更美。你们乐于助人的义举，更为第二中心幼儿园添上了浓墨重彩的一笔。

我们内心感慨万千，不知道用什么语言才能表达出我们内心的感激之情，感谢各位援疆干部对第二中心幼儿园的爱心绘画，谢谢您们。在此，我们谨向援疆干部深表谢意!

真诚的预祝援疆干部工作顺利、身体健康!

此致

敬礼

策勒乡第二中心幼儿园

2021 年 6 月 14 日

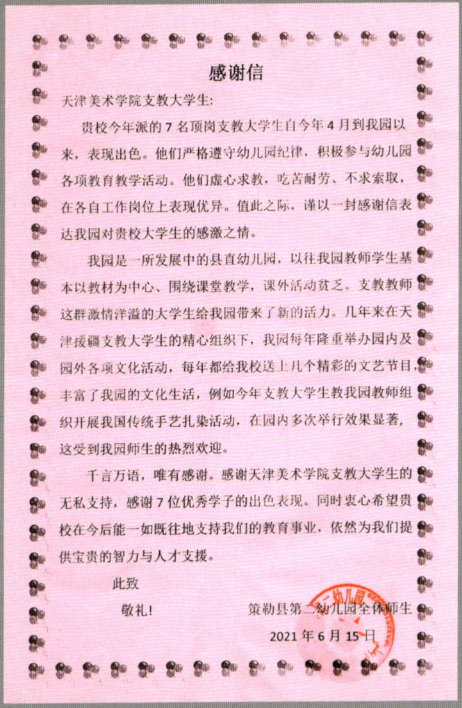

感谢信

天津美术学院支教大学生：

贵校今年派的 7 名顶岗支教大学生自今年 4 月到我园以来，表现出色。他们严格遵守幼儿园纪律，积极参与幼儿园各项教育教学活动。他们虚心求教，吃苦耐劳、不求索取，在各自工作岗位上表现优异。值此之际，谨以一封感谢信表达我园对贵校大学生的感激之情。

我园是一所发展中的县直幼儿园，以往我园教师学生基本以教材为中心、围绕课堂教学，课外活动贫乏。支教教师这群激情洋溢的大学生给我园带来了新的活力。几年来在天津援疆支教大学生的精心组织下，我园每年隆重举办园内及园外各项文化活动，每年都给我校送上几个精彩的文艺节目，丰富了我园的文化生活，例如今年支教大学生教我园教师组织开展我国传统手艺扎染活动，在园内多次举行效果显著，这受到我园师生的热烈欢迎。

千言万语，唯有感谢。感谢天津美术学院支教大学生的无私支持，感谢 7 位优秀学子的出色表现。同时衷心希望贵校在今后能一如既往地支持我们的教育事业，依然为我们提供宝贵的智力与人才支援。

此致

敬礼！

策勒县第二幼儿园全体师生

2021 年 6 月 15 日

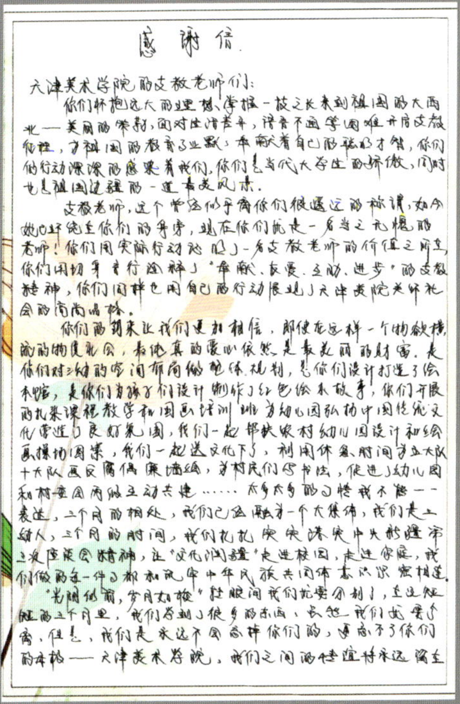

感谢信

天津美术学院的支教老师们：

你们怀抱远大的理想、掌握一技之长来到祖国的大西北——美丽的策勒，面对生活差异，语言不通等困难开启支教征程，为祖国的教育事业默默奉献着自己的聪明才智，你们的行动深深的感染着我们。你们是当代大学生的骄傲，同时也是祖国边疆的一道亮丽风景。

支教老师，这个常谓似乎离你们很遥远的称谓，如今她已环绕在你们的身旁，现在你们就是一名当之无愧的老师！你们用实际行动诠释了一名支教老师的价值之所在，你们用切身行动诠释了"奉献、友爱、互助、进步"的支教精神，你们同样也用自己的行动展现了天津美院关怀社会的高尚品格。

你们的到来让我们更加相信，即使在这样一个物欲横流的物质社会，纯真的爱心依然是最美丽的财富。是你们对二幼的空间布局做整体规划，是你们设计打造了绘本馆，是你们为孩子们设计制作了红色绘本故事，你们开展的扎染课程教学和国画培训班为幼儿园弘扬中国传统文化营造了良好氛围，我们一起帮扶农村幼儿园设计和绘画楼梯图案，我们一起送文化下乡，利用休息时间为五大队十大队画民俗儒墙绘，为村民们写书法，促进了幼儿园和村委会两级互动共建……太多太多的回忆我不能一一表述，三个月的相处，我们已经融为一个大集体，我们是二幼人，三个月的时间，我们扎扎实实落实中央新疆工作第三次座谈会精神，让"文化润疆"走进校园，走进家庭，我们做的每一件事都和铸牢中华民族共同体意识紧密相连。

"光阴似箭，岁月如梭"转眼间我们就要分别了，在这短短的三个月里，我们学到了很多的东西，虽然我们就要分离，但是，我们是永远不会忘掉你们的，更忘不了你们的母校——天津美术学院，我们之间的情谊将永远留在

我们心中，让我们共架爱心桥梁将爱传递。

祝你们在未来的日子里梦想和生活同行，在今后的人生道路上一帆风顺。

策勒县第二幼儿园

2021年6月11日

梦舟催发　丝路朱霞

天津美术学院援疆支教实践教学成果集

特别鸣谢：

天津市对口支援新疆工作前方指挥部

天津对口支援新疆工作前方指挥部策勒县工作组

新疆和田地区策勒县教育局

设计：

天津贝格万象科技有限责任公司

扫码观看
合唱《在灿烂阳光下》

扫码观看
百米墙绘《志合图》

《志合图》节选

"志合者，不以山海为远。"此典出于晋朝葛洪所著《抱朴子·博喻》。习近平总书记曾引用这一典故，强调志同道合者，即便相隔万里山海，也不觉遥远。《志合图》即取此"志合"之意。天津与和田虽相隔千里，却同气连枝，在新时代的滚滚洪流中共同发展。

在中国共产党成立100周年之际，为深入贯彻落实党中央的治疆方略，进一步推进文化润疆工程，铸牢中华民族共同体意识，经过构思、设计、起草、绘制一系列过程，天津美术学院援疆支教团成员历时一个月，在策勒县第一小学绘制了百米长卷《志合图》。

长卷以中国传统书画为载体，支教团成员运用国画技法布局绘制，诗、书、画相互结合，全卷共分六大板块。

第一板块以中国花鸟画没骨技法表现"四君子"——"梅、兰、竹、菊"形象。"四君子"自古以来就是不屈不挠、坚韧不拔的象征。此版块以诗画结合的形式引导孩子树立正确的人生观、世界观、价值观。

第二板块通过库尔班·吐鲁木的故事，再现了新疆人民热爱中国共产党、热爱社会主义、热爱家乡、热爱劳动的时代精神。

第三板块展现了策勒人民代代相传延续至今的战斗渠精神。策勒县曾是和田地区七县一市最缺水的县，如今丰衣足食的幸福生活很大一部分要得益于"战斗渠"的建成。它是策勒县建设史上施工条件最艰苦、时间最长、投入劳力最多的一项工程。

第四板块通过载歌载舞的画面，展现了热情好客、朴实无华的新疆风土民情。在"古丝绸之路"和"丝绸之路经济带"的相互辉映下，新疆被国家确定为丝绸之路经济带核心区。而新疆独特的地缘、资源和人文优势正是被选择、被期许的重要原因。

第五板块通过援疆医生、援疆教师、建筑工人等各行各业的形象，展现了从津沽大地到天山南北，从海河两岸到昆仑大漠的津和情谊。

第六板块以中国画传统画种"青绿山水"形式描绘了一幅祖国大好河山的锦绣画卷。在漫长的历史发展进程中，中国各族人民齐心协力，共同促进祖国的繁荣发展，创造了灿烂的中华文化。山河壮阔，国泰民安。泱泱大国，何以不兴！